LE IEU DE L'HOMBRE.

A PARIS,
Chez CLAVDE BARBIN,
au Palais, ſur le ſecond Perron
de la Sainte Chapelle.

M. DC. LXXIV.

AVEC PERMISSION.

L'HOMBRE.

VOUS m'écrivez que vous souhaiteriez bien que ie fusse avec vous, pour vous apprẽdre ce Ieu qui est si fort à la mode, & qu'on appelle l'Hombre. Et parce que je ne puis aller où vous estes, & que vous y serez encore quelques jours; Vous m'ordonnez de vous envoyer un écrit si clair & si intelligible, qu'à la premiere leſtùre vous ſoyez Inſtruite de tout ce Ieu, comme ſi vous y ayiez joüé bien long-temps. A cela, Madame, je vous répond premierement, qu'il eſt vray qu'on y joüe fort à Paris; qu'on y joüe à Verſailles, & à Saint Germain, & que même la Reine y joüe; Mais je ne demeure pas d'accord pour cela qu'il ſoit ſi fort à la mode, & tant que celuy qui fait les modes n'y joüera point, & qu'il ſe divertira au Brelan, le Brelan ſera toûjours plus à la mode que l'Hombre. Pour le ſecond poinct (car le monde veut quand on inſtruit qu'on s'explique bien methodiquement; je sçay que vous avez assez d'intelligence & de vivacité, pour comprendre d'abord tout ce qu'on vous dit, je crains seulement de n'avoir pas assez d'adresse. Vous me mandez aussi, sur la fin de vostre Lettre, je ne sçay quoy qui m'embarasse, que vous ne voulez pas des instructions toutes seches, toutes nuës, sans gentillesse, ny sans ornement, & que vous aimez bien ce stile.

Moy qui dans la Cité d'Athenes,
Visitay Socrate en prison,
Et qui vis comme le poison,
Acheva ses dernieres peines.

Et la Prose qui vient ensuite.

Sans mentir, cela m'a fort embarassé, car je voudrois que vous fussiez toûjours contente. Et je vous assure, Madame, que je me tiendrois heureux d'y pouvoir tant soit peu contribuer. Ie pourrois bien voir quelqu'un de qui ce Ieu auroit achevé le dernier argent : Mais pour dire le vray, je ne m'acquitterois pas si aisément de cette diversité que vous trouvez si agreable ; & i'en laisse malgré moy toute la gloire à ces Abbez que vous sçavez à qui ces sortes d'écrits ne coûtent rien : Ie vous supplie donc de m'en dispenser, & de souffrir que ie vous écrive simplement ce que je vous puis dire de l'Hombre.

Encore que ce Ieu de l'Hombre nous ſoit venu d'Eſpagne, on le joüe pourtant mieux à la Cour de France qu'à celle de Madrid. Les François, qui pour l'ordinaire ne s'attachent pas trop à inventer, ſe ſervent heureuſement des inventions étrangeres, & dans les choſes qui regardent l'utilité ou le plaiſir, il me ſemble qu'ils encheriſſent preſque toûjours ſur les Inventeurs.

Ie me ſouviens que lors que le Cardinal Mazarin eut apporté le Hoc à la Cour, il y eut beaucoup de gens, qui fort peu de temps apres, y joüoient bien mieux que luy : & quelle difference de ces Carrosses vitrez, que nous voyons aujourd'huy à ceux qui nous vinrent de Flandres il y a huit ou neuf ans ? Mais revenons à l'Hombre.

Comme ce Ieu signifie l'Homme en Espagnol, il a aussi beaucoup de rapport avec celuy que nous appellons l'Homme. Or, l'Hombre se peut joüer à deux, à trois, à quatre, & même à cinq : Mais le plus ordinaire, & celuy qui demande le plus de science, c'est lors que trois personnes le joüent. C'est de la sorte que la

Reine

Reine s'y divertit, & quand on le ſçait une fois, tous les autres ſont aiſez, mais on ne s'y plait guere, & on reprend toûjours celuy-là comme le plus agreable & le plus piquant. Ce n'eſt pas tout-à-fait pour l'approuver, que ie dis que c'eſt le plus piquant : car il me ſemble qu'il ne donne que trop d'émotion, & qu'il arrive ſouvent que les plus retenus y ſont plus emportez qu'il ne ſeroit à ſouhaiter. C'eſt ce qui fait qu'on l'appelle en Eſpagne, *el renegado*, comme qui diroit ce diable de Ieu. Quoy qu'il en ſoit, tenons nous à ce nombre, & bâtiſſons ſur ce plan-là.

On le ioue avec quarante cartes qui ſont les mêmes que celles de la grand Prime : à ſçavoir en oſtant d'un Ieu entier, les huit, les neuf, & les dix.

Quand on commence, on regarde qui donnera, & chacun met d'abord dix Louis au Ieu de la Reine, ou dix iettons, qui valent dix Louis.

Celuy qui fait, donne trois cartes à celuy qui eſt à ſa droite, autant à l'autre, & en prend le meſme nombre, faiſant la meſme choſe trois fois, de ſorte que chacun en a neuf.

Si tout le monde paſſe, on remet au Ieu chacun deux iettons qu'on fait valoir ce qu'on veut, & si l'on passe plusieurs fois on en remet toûiours deux.

Vous comprenez bien pourquoy l'on en met d'abord dix, c'est que l'on veut qu'il y ait du premier coup quelque chose à gagner, & ie n'ay pris le nombre de dix & de deux, que parce qu'on le pratique ainsi chez la Reine, & que c'est toûiours la Cour & le grand monde qui donnent la loy. Cela peut servir aussi pour garder quelque proportion dans les choses que nous avons à dire. Avant que d'aller plus loin, il est bon de connoitre les cartes, & d'en sçavoir la valeur.

Il y en a trois principales,

qui s'appellent les Matadors, c'eſt à dire les meurtriers, à cauſe que ces Cartes aſſomment les autres.

Le premier de ces Matadors ſe nomme l'Eſpadille, le ſecond la Manille, & le troiſiéme le Baſte.

L'As de Pique eſt toûiours l'Eſpadille, & toûiours la premiere Carte du Ieu de quelque couleur que ſoit la Triomphe.

La Manille eſt toûiours la ſeconde Carte, mais elle n'eſt pas fixe & ſtable comme l'Eſpadille, elle change ſelon qu'on nomme la couleur en rouge ou en noir. Ie dis ſelon qu'on nomme la couleur, car on ne tourne point à ce Ieu-là. Mais celuy qui ioüe dit, ie ioue de Pique, ou de Trefle, de Cœur, ou de Carreau, c'est ce qui fait la Triomphe. Si la Triomphe est en noir, le deux de Pique ou celuy de Trefle est la Manille: Si la Triomphe est en rouge, c'est le sept de Cœur ou celuy de Carreau: de sorte que si l'Hombre, c'est à dire celuy qui fait iouer, dit ie le ioüe de Pique, celuy qui a le deux de Pique a la Manille: s'il dit ie le ioüe de Trefle, celuy qui a le deux de Trefle a la Manille: s'il dit ie le ioüe de Cœur, celuy qui a le sept de Cœur a la Manille: & s'il dit ie le ioue de

Carreau, celuy qui a le ſept de Carreau a la Manille. Cela paroit aſſez bizarre, que le deux en noir ſoit la Manille, & le ſept en rouge; mais cela n'embaraſſe point pour peu qu'on y ſoit accoûtumé, & le Ieu n'en eſt que plus divertiſſant.

Le troiſiéme Matador eſt l'As de Trefle, qui ſe nomme le Baſte, & c'eſt toûjours le troiſiéme Triomphe comme l'As de Pique eſt toûiours la premiere. Ces trois Matadors, l'Eſpadille, la Manille & le Baſte ſont à l'HOMBRE, ce que ſont à l'HOMME le Roy, la Dame & le Valet de Triomphe, & font le meſme effet: ſi bien que celuy qui les a, eſt aſſuré de trois Levez.

Il y a encore une autre bizarerie pour la couleur, c'eſt qu'en rouge le deux eſt plus fort que le trois, le trois que le quatre, le quatre que le cinq, le cinq que le ſix, & le ſix que le ſept. Et en noir tout au contraire, le ſept emporte le ſix, le ſix le cinq, le cinq le quatre, le quatre le trois, & le trois le deux.

Il y a une exception pour le ſept en rouge, & pour le deux en noir, ſi l'un ou l'autre eſt Triomphe. Car en ce cas là, ils deviennent Manilles, comme i'ay dit; & ils ſont au deſſus de toutes les Triomphes, à la reſerve de l'Eſpadille qui eſt la plus haute.

Apres ces trois Matadors, ſi la Triomphe eſt en rouge le Ponto eſt la plus forte, c'eſt à dire l'As de Cœur ſi la Triomphe eſt de Cœur, & l'As de Carreau, ſi elle eſt de Carreau. Enſuite viennent le Roy, la Dame, le Valet, le deux, le trois, le quatre, le cinq & le ſix. Il n'y a point de Ponto en noir, parce que les As noir ont un autre employ, mais les Rois de la couleur prennent la place du Ponto, apres vient la Dame, le Valet, le ſept, le ſix, le cinq, le quatre & le trois.

Il eſt à remarquer que ſi les As rouges ſont de la Triomphe, ils ſont au deſſus des Rois, & que s'ils n'en ſont point, ils ſont au deſſous des Valets : ainſi, Madame, vous voyez que les honneurs de ce monde dependent bien fort du hazard & de la fortune. Cela merite bien qu'on y faſſe quelque reflexion, & il me vient dans l'eſprit que ces Abbez qui ne cherchent qu'à dire de jolies choſes, ne laiſſeroient pas échaper une ſi belle occaſion ſans vous faire un Sonnet, ou un Madrigal.

Il eſtoit bien neceſſaire d'expliquer tout cela avant que de ſe mettre à joüer. Imaginez-vous à cette heure que nous joüons, que c'eſt vous qui faites, que vous avez donné à chacun neuf Cartes, & que vous en avez autant pris pour vous. Imaginez-vous auſſi que ie ſuis à voſtre droite, & qu'il y a un tiers à la mienne. Vous avez mis les Cartes de mon côté, car il faut toûjours obſerver cela pour ſçavoir qui a donné, à qui c'eſt à parler, à ſe declarer, & à iouer la premiere Carte. C'eſt toûjours au premier & ie le ſuis. Avant que de lever mes Cartes, ie regarde ſi ie n'en ay point trop ou trop peu; parce que ſi cela eſtoit, & que ie ne m'en fuſſe apperceu qu'apres les avoir veuës, ie ferois la Bête, à moins que chacun ne dit Passe, & que ie ne le disse aussi. Mais cela estant ce ne seroit rien. I'ouvre mon Ieu; & ie trouve que ie l'ay beau, que i'ay l'Espadille, le sept de Carreau avec la Dame & le Valet, & de plus le Roy de Trefle. Ie veux donc iouer, & pour cela ie demande si quelqu'un le ioue sans prendre, c'est à dire sans écarter, & ie suis obligé de le demander, parce que si vous ou le tiers aviez assez beau Ieu pour le iouer sans prendre, ou que même l'un ou l'autre sans avoir beau Ieu le voulussiez iouer par caprice ou par chagrin, alors il ne me ſeroit plus permis d'écarter, & i'aurois ſeulement la preference de iouer ſans prendre, à cauſe que ie ſuis le premier.

Il faut remarquer en paſſant, que celuy qui demande ſi on le ioue ſans prendre, ſi on luy dit que non, ne peut plus iouer ſans prendre : Apres avoir demandé cela, & qu'on m'a répondu non, ie porte les cinq Cartes que ie viens de dire, écartant les autres que ie mets aupres de celles qui ſont dans le talon, & i'en prens quatre autant que i'en ay écarté, ie mets ce qui reſte entre le tiers & moy, parce que c'eſt toûjours à celuy qui eſt à la main droite

droite de l'Hombre à écarter & à prendre apres luy. Ie prens autant de Cartes que i'en ay écarté, parce que ſi i'en prenois plus ou moins, ie ferois la Bête. Il ne faut pas que i'oublie de dire Carreau, ou ie le ioue de Carreau avant que ie voye mes Cartes, ſi ie venois à l'oublier, le premier qui parleroit nommeroit la couleur, & d'un beau port, i'en ferois un bien laid par ma negligence. Apres tout cela i'ouvre mon Ieu, & ie voy que le Baſte, le Ponte avec le Roy de Triomphe me ſont entrez. Comme ie ſuis aſſuré de gagner, & qu'il y en a de reſte, ie puis étendre mon Ieu ſur la table pour éviter la longueur, & pour montrer en meſme temps que ie ne pretens pas à la Vole. Ie tire la Poule, & vous me payez mes Matadors, pourveu que ie les demande avant qu'on ait coupé, & qu'on ait achevé de donner les Cartes. On donne pour chaque Matador deux jettons, mais il n'y a que l'Hombre à qui on les paye, encore faut il pour cela qu'il gagne ; car s'il perd, il les paye au lieu de s'en faire payer. Il faut les avoir tous trois, deux ne ſe payent point.

Ie n'ay encore parlé que de ces trois Matadors, l'Eſpadille, la Manille, & le Baſte, & i'ay à vous dire que toutes les Triomphes qui les ſuivent immediatement & ſans interruption, s'appellent auſſi des Matadors, & qu'on les paye comme les Matadors naturels.

Examinons encore mon Ieu. I'ay l'Eſpadille, la Manille, le Baſte, le Ponte, le Roy, la Dame, & le Valet, ce ſont ſept Matadors qui me valent vingt-huit jettons, que ſi i'avois encore le deux & le trois, j'aurois neuf Matadors, & la Vole ſeroit faite.

Quand il n'y a qu'une Poule, celuy qui fait la Vole gagne encore autant que vaut la Poule, que les autres luy payent par moitié, comme ſi la Poule eſt de cent iettons, ils en donnent chacun cinquante, & celuy qui fait la Vole en gagne deux cens. S'il y a pluſieurs Poules il les prend toutes, mais les deux autres ne luy donnent rien. Que s'il entreprend la Vole, & qu'il vienne à la manquer, les deux autres partagent tout ce qui eſt au Ieu, quand il y auroit ſix Bêtes. Il arrive quelquefois qu'on s'engage à la faire ſans le vouloir, comme quand on a cinq ou ſix Matadors & que pour les compter, ou pour s'egayer on en iouë plus de cinq car pour gagner il ne faut tout au plus que cinq Levez, & celuy qui les

les a faits quand perſonne n'en a que luy, s'il ioüe une ſixiéme Carte il ne s'en peut plus dedire. Mais quoy qu'il manque la Vole, il ne laiſſe pas de faire payer ſes Matadors, & le Sans-prendre, s'il a fait joüer ſans prendre : car chacun donne pour cela dix jettons à l'Hombre s'il gagne, comme auſſi l'Hombre qui vient à perdre leur en donne à chacun dix.

L'Hombre qui fait quatre Levez gagne, ſi pas un de ceux qui deffendent n'en fait quatre, c'eſt à dire, ſi l'un en fait deux & l'autre trois : mais quand l'un fait quatre Levez, & que l'autre n'en fait qu'un, l'Hombre fait la Bête : ſi bien que la partie eſt remiſe, & cela s'appelle *repueſta.*

On fait ſouvent contre à l'Homme, & jamais on ne le fait à l'Hombre. Cependant on ne laiſſe pas de gagner ſans faire contre, car on gagne quand on fait cinq Levez, & même on gagne quand on en fait quatre, pourveu que les cinq mains qui reſtent ſoient partagées, que l'un en ait deux & l'autre trois, c'eſt ce qui s'appelle gagner de Codille.

Il ne faut pas mettre ſes Levez l'un ſur l'autre, il faut les placer de rang, afin qu'en jettant la veuë deſſus, on en ſçache aiſément le nombre. Les

Eſpagnols n'y manquent jamais.

Si celuy qui écarte apres l'Hombre a quelque Matadör, il prend volontiers autant de Cartes qu'il juge à propos pour ſe faire beau Ieu : mais s'il n'a point de Matador, il doit toûjours laiſſer cinq Cartes pour le dernier qui ne peut écarter qu'à ſon rang, ſur peine de la Bête. C'eſt que l'autre connoitroit par là le nombre des Cartes dont il a beſoin, & tous les avantages qu'on prend injuſtement ſont puniſſables.

On n'eſt point obligé de forcer, mais on ne renonce jamais à peine de la Bête, & même l'Hombre la fait deux fois, s'il vient à perdre, & qu'on s'aperçoive de plus qu'il ait renoncé.

En cela les trois Matadors naturels ont un privilege, c'est qu'on n'est point obligé de les mettre sur une Triomphe qui s'est joüée, quoy qu'on n'ait point d'autre Triomphe pour fournir, il en faudroit mettre qui en auroit, neanmoins le plus fort Matador force le plus foible : de sorte que si l'on joüe à tout de l'Espadille, & que je n'aye que la Manille ou le Baste, je suis contraint de jetter l'un ou l'autre sur l'Espadille : Mais ce qui semble assez bizarre, si l'on a joüé à tout, & que l'autre ait pris de l'Espadille, je ne suis pas obligé de mettre la Manille ny le Baste sur l'Espadille, & ie puis conserver l'un & l'autre si je le juge à propos : je dis si je le juge à propos, parce que bien souvent il ne faut pas faire autant de Levez qu'on peut : & par exemple. Ie voy que celuy qui joüe a quatre Levez, que l'autre en a trois, & que j'en ay un, si je fais celuy qui reste la partie est perdue, au lieu qu'elle est *repuesta*, si je le laisse faire à l'autre : ainsi je ioüerois mal si ie gardois une bonne Carte.

Il y a des ieux où l'on badine,

& quelquefois de bonne grace, mais il s'en faut bien garder à l'Hombre, ce sont les Espagnols qui l'ont inventé, & la gravité y sied bien. Ie remarque aussi qu'on le iouë severement, & avec beaucoup d'exactitude. Si l'Hombre en révant nomme une couleur pour une autre, il ne luy est pas permis de se retracter. S'il dit gano, il se soûmet à faire la Bête, & dés là il ne peut plus gagner. Il ne luy est permis de dire gano, que pour empêcher qu'on ne gagne de Codille. S'il demande à la remettre, il se soumet aussi à faire la Bére: & si l'un des deux veut que le coup se ioüe, l'Hombre & le tiers s'unissent toûiours contre luy, pour deffendre la Poule.

Si pendant qu'on iouë vous separez tant soit peu une de vos Cartes d'avec les autres, & que l'Hombre l'ait entreveuë, il vous peut contraindre de la iouër, si ce n'est qu'en la iouant vous vinssiez à renoncer. Cela estant vous pourriez dire on ioue Cœur ou Pique, & i'en ay.

Celuy qui deffend quand il a ietté une Carte, peut dire à son compagnon gano, c'est à dire lâchez ; que s'il en fait difficulté, il peut luy dire avec de fiers regards iusqu'à trois fois *y no mas gano si puede* : &

quand il ioüe une Dame, *gano del Rey*, qui signifie, lâchez si vous pouvez, & ne prenez pas du Roy. Il est à remarquer qu'il ne se peut servir que de ces termes pour se faire entendre, & que les equivalens sont interdits. Il faut donc dire gano. Mais il ne le faut dire que pour remettre la Poule, & qui pretendroit la gagner par là de Codille passeroit en Espagne pour un matois & pour un pipeur, *no se deve por Dios.*

C'est toûiours à celuy qui le joüe à écarter le premier, ensuite à celuy qui est à sa droite, & enfin au troisiéme. On prend tant de Cartes qu'on veut, & ce ce n'eſt plus la coûtume de les payer comme on faiſoit il n'y a pas long-temps, & comme on le pratique encore aujourd'huy en Eſpagne, où à cauſe de cela on les appelle Comprades.

Si le dernier laiſſe des Cartes de reſte, ce qui arrive aſſez ſouvent quand on le joüe ſans prendre, il peut les mettre ſans les voir dans les écars, & pas un des autres ne l'en peut empécher; mais s'il les a veües, chacun les peut voir auſſi.

Tant que la repriſe dure, il eſt deffendu ſur peine d'extravagance & d'irregularité, de rien dire ny de rien faire qui ne regarde le Ieu, ſi ce n'eſt peut-eſtre de donner l'ordre, pour le Chocolat, & d'en prendre.

Si la Poule eſt petite, & qu'on ait un Ieu raiſonnable, on ioue aiſément ſans prendre, parce que les vingt iettons que l'on gagne pour avoir ioué ſans prendre, valent quelquefois autant que la Poule; mais quand elle eſt fort groſſe, on ne le ioüe guere ſans prendre, à moins que d'avoir un Ieu preſque aſſuré, ſi ce n'eſt qu'on y ſoit forcé par un autre qui le ioueroit auſſi ſans prendre.

On perd quelquefois à fort beau Ieu, lorſque les bonnes

Cartes que l'on n'a point ſont preſque toutes dans une main, & l'on gagne aſſez ſouvent avec un Ieu bien mediocre quand elles ſont partagées. Ie vis une fois un bon Ioüeur qui perdit avec quatre Matadors & trois Rois, & il faloit neceſſairement qu'il perdit de la ſorte qu'on ioua, & que le Ieu eſtoit diſpoſé. S'il eût eſté le premier, il eût infailliblement gagné; car il eût ioué une fois ou deux à Tout, pour ſçavoir où eſtoient les Triomphes, iuſqu'à ce que l'un ou l'autre n'en eût plus eu. Enſuite iouant ſes Rois il en eût ſans doute fait un quand les huit Triomphes eussent esté dans une main : Ie compte huit Triomphes, parce qu'il en avoit quatre, à sçavoir, quatre Matadors, & qu'il y en a douze en rouge, qui estoit la couleur qu'il avoit nommée, il n'y en a qu'onze en noir, à cause qu'il n'y a point de Ponto.

On a grand soin de compter les Triomphes qui ont esté iouées, & celles qui restent dans les mains, & pour cela on peut voir tant qu'on veut les Levez.

Quand on voit venir & qu'on a l'Espadille avec le Baste, ou celles là estant iouées deux autres qui fassent le mesme effet,

on

on eſt aſſuré d'en faire deux mains, & cela s'appelle avoir Tenace.

Il ne faut guere ioüer ſans avoir beau Ieu, & qui ſe fie trop aux rentrées fait bien des Bêtes. L'Eſpadille & la Manille avec deux petites Triomphes ne ſuffiſent pas à moins que cela ne ſoit ſoutenu de quelque Rois ſur tout en rouge, car en noir il y a plus d'apparence qu'on le doit joüer à cauſe qu'il y a moins de Triomphes. Les deux As noirs, quoy que mal accompagnez, donnent toûjours de grandes tentations, & je ne voy guere perſonne qui n'y ſuccombe, encore qu'à dire le vray, on y perd le plus ſouvent.

Quand on eſt premier ou dernier, on le iouë quelquefois à un ieu, où l'on ne le ioueroit pas ſi l'on eſtoit entre les deux, parce qu'il y a quelque avantage à iouer le premier, & que le dernier voyant que l'un & l'autre a paſſé, iuge par là qu'ils n'ont pas les bonnes Cartes, ſi bien qu'il peut eſperer qu'elles luy viendront.

L'Hombre s'il eſt bon ioueur ſonge premierement à gagner la Poule; mais s'il voit qu'il n'y peut rien pretendre, il ne ioue plus que pour la remettre, au lieu qu'un brouillon la perd & la laiſſe gagner.

Il faut penetrer & comme deviner où ſont les hautes Triomphes, cela ſe ſent par coniecture, & ſur tout à la maniere d'écarter : car celuy qui prend beaucoup de Cartes, & qui n'en laiſſe pas cinq à ſon compagnon, doit apparemment avoir quelque Matador, & là deſſus l'HOMBRE doit prendre ſes meſures.

Quant on eſt aſſuré de quatre Levez par quatre Matadors, ou même quand on a trois Matadors avec une Triomphe ou un Roy, & qu'ainſi il y a beaucoup d'apparence qu'on en fera quatre, mais que c'eſt auſſi tout ce qu'on peut esperer, parce qu'on a pas une autre Carte pour faire le cinquiéme, alors il faut tâcher le plus qu'on peut de laisser faire deux mains au plus foible, afin que l'autre n'en fasse que trois : le plus foible aussi qui sçait iouer, cherche de son côté le moyen de n'en faire qu'une ; & s'il a deux Rois, & qu'il y en ait un qui luy passe, il ne ioue pas le second, comme feroit un innocent, mais il ioue une petite carte ; & s'il a une bonne Triomphe, il songe à s'en defaire à propos, l'employant d'ordinaire pour obliger l'Hõbre à prendre d'une plus haute, & pour l'affoiblir d'autant.

Ie vous écrirois beaucoup d'autres choſes pour iouer ce Ieu en perfection, n'eſtoit que cela depend fort du genie & de l'experience : Ie n'ay rien oublié de ce qui regarde l'eſſentiel & le fond de l'HOMBRE: I'en ay touché les Loix & les Regles qui peuvent ſervir à decider les coups, car il en arrive à toute heure qui font naître de grandes diſputes, & l'on ne rencontre pas toûjours un Iuge à point nommé : De ſorte qu'il ne ſera pas ſuperflu de mettre par Article ces Loix & ces Regles, comme autant de feuilles de la Sybille, afin qu'on les puiſſe trouver plus commodement.

Au reſte, Madame, ne vous effrayez pas de tant d'obſervations, vous n'aurez pas ioué deux fois que vous le ſçaurez auſſi parfaitement que les Ioueurs les plus achevez ; car il eſt fort aiſé de iouer à toute ſorte de Ieux, quoy qu'il ſoit tres-difficile d'y bien iouer.

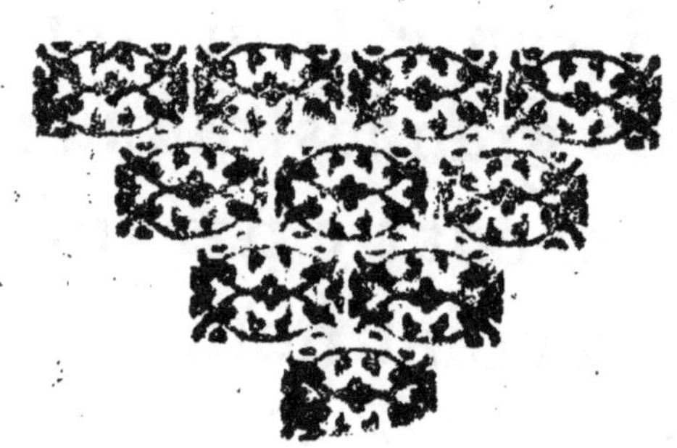

LES LOIX ET LES REGLES *de l'Hombre.*

CELVY qui a trop, ou trop peu de Cartes, s'il ne le declare avant que de voir ſon Ieu, il fait la Bête ſi le coup ſe ioue.

Quand on a demandé ſi quelqu'un veut iouer ſans prendre, & que perſonne ne le veut, on eſt obligé d'écarter.

Quand on a dit ie ioue ſans prendre, on ne put plus écarter.

Si-toſt qu'on a nommé la Triomphe, on ne la peut changer : mais quand on s'eſt trompé, on peut écarter une ſeconde fois, ſi l'on n'a pas vû les Cartes que l'on doit prendre, & que celles qu'on avoit ècartées ſe puiſſent demêler d'avec les autres qui ſeroient à l'écart.

Si l'Hombre n'a point nommé la Triomphe dés qu'il a levé & tourné ſes Cartes, celuy qui parle le premier la nomme.

Si celuy qui ioue ſans prendre eſt le premier, & qu'il ne nomme point la Triomphe, la premiere Carte qu'il ioue la nomme pour luy, quoy que l'Eſpadille l'Espadille & le Baste soient toûjours Triomphes, l'Espadille la marque en Pique, & le Baste en Tresle.

Quand on prend trop de Cartes, on peut oster celle qui est de trop, pourveu qu'elle se puisse connoitre, & qu'on n'ait point vû son Ieu. Que si l'on ne sçait laquelle c'est, on les méle, on fait couper, & puis un des trois en tire une au hazard, pour le premier de ceux qui ne iouent pas; s'il la veut sans l'avoir veue, s'il n'en veut point elle est pour l'autre, & si tous deux la refusent on la met dans let écarts.

Si l'on a trop d'une Carte, &

que l'on ait vû ſon Ieu, on eſt obligé de le méler & de faire couper, & puis il en faut tirer une autre au hazard, & ſi c'eſt l'Hombre qui en ait trop, il peut faire deux fois la Bête.

S'il ſe trouve en prenant des Cartes qu'il y en ait une de trop ou une qui manque, on refait; mais ſi l'on ne s'en apperçoit qu'apres que tout eſt joüé, le coup eſt bon.

Vne Carte tournée n'empéche point le Ieu, à moins que ce ne ſoit un Matador, & méme quand il y en auroit un de tourné, s'il ſe trouvoit de reſte apres les écarts, le coup ſeroit bon.

Si un de ceux qui deffendent ſepare une Carte des autres comme pour la joüer, & que l'Hombre l'ait entreveue, il la nomme & le contraint de la iouer, pourveu qu'il la puiſſe iouer ſans renoncer.

L'Hombre qui tient une Carte pour la iouer la peut retirer tant qu'il veut, juſqu'à ce qu'il l'ait lâchée.

Celuy qui renonce peut reprendre ſa Carte juſqu'à ce que le levé ſoit mis où il doit eſtre: mais s'il n'avoit point coupé la Carte ioüée, que ce fut par exemple le Valet de Carreau, & qu'il en eût la Dame & le ſept, il ne pourroit pas prendre de la Dame, il faudroit qu'il lachât du ſept.

On ne peut dire en iouant les Cartes qu'un ſeul mot, qui eſt gano, & qui ſignifie des choſes bien differentes, mais qui s'entendent fort bien ſelon la diverſitédes occaſions.

Si celuy qui deffend veut qu'on luy laiſſe une Carte, ou qu'on la laiſſe prendre à l'Hombre, il dit gano.

S'il ioüe une petite Carte d'une couleur dont il a les hautes pour le faire connoitre à celuy qui aide à deffendre, il dit gano.

Quand il ioüe un Matador ou une groſſe Triomphe, & qu'il

veut que l'autre ſe defaſſe de bonnes, il dit encore gano.

Dés que l'Hombre dit gano, il ſe ſoumet à faire la Béte, & quand il gagneroit il ne prendroit pas la Poule : De ſorte que ce gano ne peut ſervir qu'à la remettre.

Celuy qui joue ſans prendre, & qui renonce, ou qui a trop ou trop peu de Cartes fait la Béte ; mais s'il gagne & qu'il ait les Matadors il s'en fait payer, & du Sans-prendre.

Si-toſt qu'on voit que quelqu'un a renoncé, on luy fait reprendre ſa Carte pour le faire iouer dans l'ordre : & s'il y a des Cartes joüées depuis qu'il a renoncé, on n'eſt pas obligé de les rejoüer, on joue tout de nouveau comme on veut.

Il n'y a que l'Hombre à qui l'on paye les Matadors; & ſi quelque autre les a, quand il gagneroit de Codille, il ne les gagne point,

Quand on a cinq Levez, & qu'on joüe une ſixiéme Carte, on enrreprend la Vole ſans le declarer autrement, de ſorte qu'on ne s'en peut plus dedire.

Que ſi on l'a fait, & qu'il n'y ait qu'une Poule, les deux qui defendent luy donnent encore la valeur de la Poule, chacun par moitié : s'il ne fait point la Vole, les deux autres la partagent.

Que s'il fait la Vole, & qu'il y ait plusieurs Poules, il prend tout ce qui est au Ieu, & les autres ne luy donnent rien : s'il manque la Vole, les deux autres partagent les Poules, mais s'il a joüé sans prendre, il ne laisse pas de s'en faire payer, comme aussi de ses Matadors.

Qui joüe une Carte avant que ce soit à luy à joüer fait la Bête.

Quand l'Hombre entreprend la Vole, & qu'il joue la sixiéme Carte, il n'est pas permis de dire ce qu'on garde, mais la premiere Carte qu'on joue la marque assez.

Ce qui s'oublie se peut demander jusqu'à ce que l'on ait achevé de donner les Cartes, & qu'on ait mis celles qui restent sur la table, apres quoy il y a prescription.

S'il y a deux Cartes tournées on refait, & le coup ne se joue point.

Si quelqu'un peut faire voir que le Ieu soit faux par une Carte qu'il ait mise à l'écart, le coup est nul.

Celuy qui dit gano, s'il fait cinq Levez, ne gagne point de Codille.

Si celuy qui n'a pas pris assez

de Cartes s'en apperçoit avant que de les avoir veuës, il peut prendre celle qui luy manque si elle est encore sur la table: Mais si un autre l'a prise & l'a mélée dans son Ieu, il en reprend une dans son écart.

Si le dernier a plus écarté de Cartes qu'on ne luy en a laissé, & qu'il y prenne garde avant que d'avoir levé son Ieu, quoy qu'il ait brouïllé son écart avec celuy des autres, il ne fait point la Bête, & il prend ce qui luy manque dans les écarts.

Qui renonce deux fois fait deux fois la Bête, le nombre n'en est point limité.

Celuy qui apres avoir donné ou apres avoir écarté regarde le dessous, ou quelqu'autre Carte qui ne luy est pas permis de voir, fait la Bête.

Si le dernier écart avant celuy qui le precede, en sorte qu'il donne à connoitre le nombre des Cartes qu'il demande, il fait la Bête.

Ces Loix regardent principalement les Ioueurs confirmez, qui pourroient profiter de leurs fautes : car les nouveaux Ioueurs, & sur tout les Dames, peuvent faillir innocemment, & le souverain droit seroit à leur égard une souveraine injustice.

FIN.

www.ingramcontent.com/pod-product-compliance
Lightning Source LLC
LaVergne TN
LVHW012001160826
845678LV00002B/656

* 9 7 8 2 3 2 9 6 7 5 7 2 5 *